Regina Wieland

K.L.A.R. Krimi

Literatur-Kartei

zum K.L.A.R. Krimi

„SCHATTENDASEIN"

Der erste Fall von Giovanni und Co.

Verlag an der Ruhr

IMPRESSUM

Titel
K.L.A.R. Krimi – Literatur-Kartei: „Schattendasein"

Autorin
Regina Wieland

Titelbildmotiv
© Nanduu – photocase.com (Maus)
© leonlukasplum – photocase.com (Schatten / Fenster)

Illustrationen
Norbert Höveler

Verlag an der Ruhr
Mülheim an der Ruhr
www.verlagruhr.de

Geeignet für die Klassen 7–10

Unser Beitrag zum Umweltschutz
Wir sind seit 2008 ein ÖKOPROFIT®-Betrieb und setzen uns damit aktiv für den Umweltschutz ein. Das ÖKOPROFIT®-Projekt unterstützt Betriebe dabei, die Umwelt durch nachhaltiges Wirtschaften zu entlasten.
Unsere Produkte sind grundsätzlich auf chlorfrei gebleichtes und nach Umweltschutzstandards zertifiziertes Papier gedruckt.

ISBN 978-3-8346-0670-9

Printed in Germany

INHALTSVERZEICHNIS

Vorwort

„Schattendasein“ ist ein realitätsnah geschriebener Krimi für Jugendliche. Neben dem Krimiplot sehen sich die Leser darin mit ihrem heutigen Alltag konfrontiert, streifen dazu aktuelle Themen wie Menschenhandel, Mobbing an Schulen oder Leben mit einer Behinderung. Der Krimi und die Literatur-Kartei gehören zu der Reihe K.L.A.R. Diese Reihe wurde entwickelt, um Schüler der Klassen 7 bis 10 zum Lesen zu motivieren. K.L.A.R. steht für:

K *urz*
- kurze Sätze
- eine insgesamt geringe Textmenge
- häufige Absätze

L *eicht*
- leicht verständliche Sätze
- große Schrift
- viel wörtliche Rede

A *ktuell*
- aktuelle Themen

R *eal*
- praktische Lebenshilfe durch Auseinandersetzung mit Themen aus dem Alltag der Jugendlichen

Die vorliegende Literaturkartei soll Ihnen helfen, „Schattendasein“ für Ihren Unterricht aufzubereiten. Dazu finden Sie Arbeitsblätter

→ zum Textverständnis: Heranführung an den Einsatz unterschiedlicher Lesestile (globales Lesen, suchendes Lesen, detailliertes Lesen) und Vermittlung dazu notwendiger Lesestrategien

→ mit weiterführenden Aufgaben: Vertiefung des Textverständnisses an Hand von Anregungen zu unterschiedlichen Arbeitsformen, Thematisierung relevanter Fragen (z.B. Freundschaft) und Anbahnen eines literarischen Lernens

→ mit aufbereiteten Hintergrundinformationen: Aufbereitung der Themen des Romans und Anregungen zur eigenständigen Weiterarbeit

Die Kartei orientiert sich an der Chronologie des Geschehens. Die im Roman eingesetzte Montagetechnik wird aufgegriffen, indem die Arbeitsblätter die beiden Handlungsstränge (die Situation von Adam einerseits sowie die Erlebnisse von Giovanni und Co. andererseits) zunächst getrennt behandeln. Die Textpassagen zur Situation der „Sklaven“ irritieren zu Beginn der Lektüre durch ihre scheinbare Kontextlosigkeit; in der Kartei werden sie als Anlass genommen, die Schüler selbst auf Spurensuche zu schicken. Sie sind aufgefordert, Fragen

zum Fall zu formulieren und während der weiteren Lektüre nach Antworten zu suchen. Diese „Ermittlungsarbeit“ der Schüler zieht sich als roter Faden durch die Textarbeit und ist mit dem Kamera-Icon gekennzeichnet. Wenn Sie nicht alle Arbeitsblätter behandeln, sollten Sie auf diese „Detektivaufträge“ in anderer Form eingehen.

Alle weiteren Aufgaben erkennen Sie an folgendem Icon:

Hinweise zur Unterrichtsreihe

Vorschläge zum Einstieg in die Reihe

1. **Einstieg über den Klappentext:** Lesen Sie den Klappentext vor und lassen Sie die Schüler Vermutungen formulieren: Was könnten Giovanni und seine Freunde entdecken? Warum wird das gefährlich? Die Vermutungen sollten festgehalten und im Verlauf der Reihe überprüft werden.

2. **Direkter Einstieg in den Text:** Lesen Sie den Beginn des 1. Kapitels vor (S. 9–11). Halten Sie erste Eindrücke der Schüler fest.

3. **Einstieg über das Genre:** Welche Erwartungen hat der Leser an einen Kriminalroman? Welche Kriminalromane oder -filme kennen die Schüler? Mit dem Material „Detektivroman oder Thriller" können erste Merkmale erarbeitet werden. Danach können die Schüler bekannte Ermittlerfiguren der Kriminalliteratur kennen lernen (Arbeitsblatt „TKKG, Miss Marple und Co.").

Vorschläge zur Durchführung der Reihe

Der Roman sollte kapitelweise gelesen werden. Hierzu bieten sich, auch abwechselnd, die Lektüre zu Hause, eine festgelegte Lesezeit im Unterricht und das Vorlesen durch den Lehrer an. Der Einsatz der Arbeitsblätter kann flexibel gehandhabt werden: Sie können im Unterricht in Einzel-, Partner- oder Gruppenarbeit bearbeitet oder auch zu Hause vorbereitet werden. Eine ganze Reihe von Arbeitsanregungen kann Eingang in Klassengespräche finden. Wenn Sie nicht alle Arbeitsblätter einsetzen wollen, können Sie eine für Ihre Klasse geeignete Auswahl treffen. Nicht weggelassen werden sollten die „Detektivaufträge", da sie sich als roter Faden durch die Textarbeit ziehen.

Die folgende Übersicht zeigt den möglichen Aufbau einer chronologisch orientierten Unterrichtsreihe.

Der Fall: Nach der Lektüre des 1. Kapitels werden die Schüler durch Lesen des Dialogs zwischen Adam und dem Mann dazu geführt, die Situation von Adam nachempfinden zu können (T1). Im Anschluss formulieren sie Fragen, d.h. beginnen ihre „Detektivaufträge" (T1). Der zweite Handlungsstrang (die Einführung von Giovanni und Co.) wird zunächst ausgespart. Stattdessen wird der Beginn des 2. Kapitels (S. 19/20) gemeinsam in der Klasse gelesen. Nach einer Sicherung des Textverständnisses wird ausgehend von der „Gefängnis"-Metapher die Situation der „Sklaven" vertieft erarbeitet (T3). Diese Vorgehensweise bietet sich besonders nach Einstieg 2 an.

Die Figur Giovanni: Fiktionale Texte bieten ihren Lesern Möglichkeiten der Identifikation. Im Roman übernimmt diese Funktion vor allem die Figur des vorlauten und faulen, aber sympathischen Giovanni. Die Schüler erarbeiten seine Frechheit und Schlagfertigkeit, aber auch seine – scheinbar dazu im Gegensatz stehende – Sehnsucht nach dem Vertrauten, z.B. nach seiner alten Schule (T2). Die vermeintliche Diskrepanz zwischen Giovannis Außenwirkung und seinen Gedanken und Gefühlen macht die Figur menschlich und erhöht das Identifikationspotenzial für die Schüler. Dieser Beginn der Textarbeit bietet sich nach den Einstiegen 1 oder 3 an. Die Reihe kann dann mit dem unterrichtlichen Schwerpunkt „Der Fall" (s.o.) fortgesetzt werden.

Perspektiven: Wer einen fiktionalen Text liest, entwickelt Vorstellungsbilder zu den Figuren. Im 2. Kapitel des Romans begegnet den Schülern wiederum vorrangig die Hauptfigur. Sie lernen einen Giovanni kennen, der grinsend die Absurdität einer

Hinweise zur Unterrichtsreihe

Deutschstunde deutlich macht, der aber auch Suna hilft, der seinen Mitschüler Igor vor Strafen schützt und der bei seinem Besuch des verletzten Maximilians unsicher wirkt. Zugleich kommt in diesem Kapitel auch die streberhaft wirkende Suna vor, die von ihren Mitschülern in eine Außenseiterrolle gedrängt und zutiefst beleidigt wird. Die wichtigste Nebenfigur ist der feige Mitläufer Igor, der sich zwar von Giovanni helfen lässt, sich aber später gemeinsam mit seinen Mitschülern von ihm abwendet. Nach Sicherung des Textverständnisses (T4) können die Schüler die unterschiedlichen Perspektiven der Figuren nachvollziehen und/oder ihre subjektive Sicht des Geschehens zum Ausdruck bringen (WA1).

Thema: Mobbing
Igor knüpft mit seiner Zeichnung von Sunas Missgeschick an Handlungsweisen an, die Suna wohl schon im vorangegangenen Schuljahr erleben musste. Der Leser erfährt, dass niemand neben Suna sitzen möchte (vgl. S. 18) und dass alle von ihr genervt sind (vgl. S. 21). Nach der Lektüre des 2. Kapitels ist es möglich, ausgehend vom Roman das Thema „Mobbing" zu behandeln. Die Schüler klären die Unterschiede zwischen Unfug, kurzfristigen Streitigkeiten und Mobbing. Sie reflektieren Anlässe und Auswirkungen von Mobbing und setzen sich mit dem Profil der Täter auseinander (HG1 und HG2). Mobbing ist ein weit verbreitetes Problem an Schulen. So kann im Anschluss an die Romanlektüre ein Projekt durchgeführt werden, in dem die Schüler vertiefend recherchieren, eigene Aktivitäten in der Klasse oder der gesamten Schule planen und durchführen (z.B. Plakate gegen Mobbing erstellen, einen Beitrag für die Webseite der Schule schreiben, einen Aktionstag gestalten ...). Dazu können die Schüler auf folgenden Seiten recherchieren:
www.schueler-gegen-mobbing.de
www.schueler-mobbing.de
www.mobbing.seitenstark.de

Beziehungen I: Fiktionale Texte thematisieren Beziehungen zwischen den Figuren – Liebe, Freundschaft, Hass, Neid ... Das Beziehungsgeflecht ist dabei nicht statisch, sondern dynamisch; Entwicklungen verlaufen nicht gradlinig. Im 2. Kapitel bahnt sich die Freundschaft zwischen Giovanni und Maximilian an; im 3. Kapitel entfremdet die Rückkehr in den schulischen Alltag die beiden wieder voneinander. Giovanni ist von Sunas Dankbarkeit zunächst genervt, später spricht er aber gerade mit ihr über sein Verhältnis zu Maximilian. Ausgelöst durch Biggis Auftritt (S. 47/48) kommt es am Ende des 3. Kapitels zu einem ersten Zusammenhalt der drei Protagonisten. Nach einigen Komplikationen im 4. Kapitel (z.B. möchte Giovanni Suna nicht allein besuchen) scheint die Freundschaft zwischen den dreien mit Giovannis Plan zu Beginn des 5. Kapitels besiegelt. Vor allem die Arbeitsblätter T7 und WA2 gehen auf das Thema Freundschaft ein und regen zum Nachdenken darüber an, wie man Freunde findet und was wichtig in einer Freundschaft ist. Aufgabe 2 des Materials T6 problematisiert am Beispiel von Biggis Verhalten die Cliquenbildung, die nur auf Kosten anderer zu Stande kommt. WA3 lässt die Schüler Maximilians und Giovannis „Stadtplanspiel" ausprobieren.
In leistungsstärkeren Klassen kann das zuvor Erarbeitete auch mit Adams Begriff von Freundschaft (vgl. S. 50) kontrastiert werden.

Thema: Glasknochenkrankheit
Maximilian leidet an der Glasknochenkrankheit – einer vergleichsweise seltenen Erkrankung, die den Schülern vermutlich nicht bekannt ist. In das zuvor skizzierte Unterrichtsthema „Beziehungen" kann die Beschäftigung mit dieser Krankheit eingebettet werden. Die Arbeitsblätter HG3 und HG4 bieten einen Sachtext zum Thema und zeigen am Beispiel ausgewählter Biografien, wie Betroffene mit ihrer Behinderung umgehen können.
Die Schüler sollten sich darüber hinaus mit der Frage auseinandersetzen, welche Probleme und Schwierigkeiten, aber auch Chancen in einer Freundschaft zwischen Behinderten und Nicht-Behinderten bestehen. Sie lernen Maximilian als „Kopf" der Hobbydetektive kennen. Er zeigt fast idealtypisch, was Menschen trotz oder vielleicht auch wegen ihrer Behinderung leisten können.

Hinweise zur Unterrichtsreihe

Indizien: Gerade in der Kinder- und Jugendliteratur sind Kriminalromane beliebt, in denen der Leser auf Spurensuche gehen, Indizien sammeln und gewissermaßen an der Lösung des Falls mitarbeiten kann. Spätestens zu Beginn des 5. Kapitels wird der Zusammenhang zwischen den beiden Handlungssträngen deutlich. Man erfährt durch das Gespräch zwischen Adam und dem Mann, dass dieser Biggis Vater ist (S. 68/69). Während im 3. Kapitel ein eher versteckter Hinweis auf „Fräulein Birgit" (S. 36) vorkommt, tritt jetzt durch die Erwähnung der Urlaubspläne, mit denen Biggi schon in der Schule angegeben hat (S. 41/42), die Identität der Personen offen zutage (S. 68). Im gleichen Kapitel eröffnet Giovanni Suna und Maximilian seinen Plan.
Die Schüler können ausgehend von ihren „Detektivaufträgen" (T1, Aufgabe 4; T3, Aufgabe 4; T 5, Aufgabe 1) den „Stand ihrer Ermittlungen" festhalten (T8). Im Anschluss erarbeiten sie Sunas zunächst ambivalente Haltung gegenüber Giovannis Plan und Maximilians schon fast trotzigen Wunsch, endlich einmal etwas Unvernünftiges zu tun (T8). Interessierte Klassen können prüfen, ob Onkel Vittorios Einschätzung stimmt, dass es für einen Restaurantbesitzer unmöglich sei, eine Pizza zum Preis von drei Euro zu verkaufen (WA 4).

Beziehungen II: Das 6. Kapitel ist gekennzeichnet durch retardierende Momente. Zwar erhält Suna die Stelle als Aushilfe im Beachclub, aber es kommen Zweifel an der Durchführbarkeit des Plans auf; Maximilian fühlt sich verletzt und ausgegrenzt; Giovanni und Suna können nur über Nebensächliches sprechen. Erst Sunas heimlicher Besuch im Beachclub bringt eine Wendung. Auch Adams Erinnerungen an seine Kindheit sind ein Ruhemoment, bevor sich das Geschehen dramatisch zuspitzt. Die Arbeitsblätter T9, T10 und WA 5 regen die Schüler an, sich mit der inneren Welt der Figuren zu beschäftigen – mit ihren Gedanken, Gefühlen und Erinnerungen.

Die Auflösung: Im 7. und 8. Kapitel wird das Geschehen insgesamt wieder dynamischer. Am Rosenmontag spitzen sich die Ereignisse zu, was durch die Angabe der Uhrzeiten (S. 108–113) deutlich wird. Mit Hilfe der Arbeitsblätter T11 und T12 erarbeiten die Schüler die Chronologie der Ereignisse und werden sich der Rolle Maximilians bei der Durchführung des Plans bewusst. WA6 thematisiert mit einer produktionsorientierten Aufgabe (Verfassen eines Berichts) mögliche andere Handlungsverläufe des Geschehens.

Thema:
(Moderne) Sklaverei und Menschenhandel
Im 9. Kapitel erfährt der Leser die letzten Details zu Bongartz" Verbrechen: Er hat Afrikaner, die sich illegal in Deutschland aufhielten, und den geistig behinderten Adam aus Polen als unbezahlte Arbeitskräfte ausgebeutet und misshandelt bzw. misshandeln lassen.
Ausgehend vom Roman können die Themen Menschenhandel, Sklaverei und Verstöße gegen die Menschenrechte behandelt werden (HG5 und HG6).
Schätzungen zufolge werden in Deutschland derzeit etwa 30.000 Menschen als moderne Sklaven ausgebeutet. Aufgrund der Aktualität und Brisanz des Themas kann im Anschluss an die Romanlektüre ein Projekt durchgeführt werden, in dem die Schüler eine vertiefte Recherche durchführen, sich mit den Anliegen von Menschenrechtsorganisationen beschäftigen und ggf. eigene Aktivitäten planen und durchführen (z.B. eine eigene Aktion für Menschenrechte durchführen, eine Spendenaktion organisieren …).

Einen umfassenden Einblick ins Thema bietet die Studie von Petra Follmer-Otto (Deutsches Institut für Menschenrechte):
www.institut-fuer-menschenrechte.de/fileadmin/user_upload/Publikationen/Studie/studie_menschenhandel_in_deutschland.pdf
Hintergrundinformationen zum Thema finden sich auch in dem Magazin der Webseite „Lernen aus der Geschichte":
www.holocaust-education.de/drupal/Lernen-und-Lehren/Magazin/7647
Die Schüler finden Links über die Suchmaschine ***www.helles-koepfchen.de.***

Hinweise zur Unterrichtsreihe

Vorschläge zum Abschluss der Reihe

1. Lassen Sie die Schüler ein Lieblingszitat aus dem Roman wählen und darüber diskutieren, wieso es ihnen am besten gefällt und was es über den Roman aussagt.
2. Kleingruppen suchen jeweils eine Szene aus dem Roman, die sie für ein Rollenspiel in der Klasse vorbereiten. Dafür müssen Textstellen dialogisch umgeschrieben werden.
3. Lassen Sie die Schüler Vermutungen anstellen, wie die Freundschaft von Giovanni, Suna und Maximilian weitergeht (T13). Indem Sie der Klasse weitere Fälle von Giovanni und Co. vorstellen, können Sie eine außerschulische Lektüre anregen.
4. Die Schüler können auch eine Rezension zum Roman schreiben und veröffentlichen, zum Beispiel unter ***www.wer-liest-gewinnt.org*** (Login erforderlich).

Alternative Projekte

Neben Projekten zum Thema „Mobbing" und „Menschenhandel und (moderne) Sklaven" (Beschreibung und Anregungen s.o.) können die Schüler eine Hörbuchfassung des gesamten Romans oder ausgewählter Kapitel erstellen. In Kleingruppen, deren Mitgliederanzahl sich nach den jeweils handelnden Figuren (sowie einem Erzähler) richtet, bereiten die Schüler das Vorlesen eines Kapitels vor. Die Präsentationen werden mit einem digitalen Aufnahmegerät aufgezeichnet. Die aufgenommenen Dateien werden auf einen PC oder ein Laptop überspielt und dann auf eine CD („Das Hörbuch der Klasse ...") gebrannt.
Das Üben des Vorlesens kann gewinnbringend mit Verfahren zur Förderung der basalen Lesefähigkeit – vor allem der Leseflüssigkeit – verbunden werden. Einen Überblick dazu gibt: Rosebrock, Cornelia; Nix, Daniel (2008): Grundlagen der Lesedidaktik und der systematischen schulischen Leseförderung. 2. Aufl. Baltmannsweiler: Schneider Hohengehren, S. 31–46.

Klassenarbeiten/Lernzielkontrollen

1. Die Schüler schreiben einen Zeitungsbericht dazu, wie Giovanni, Suna und Maximilian den Fall gelöst haben. Bei dieser Lernzielkontrolle sollten Merkmale eines Berichts zuvor am Beispiel der Aufgaben auf dem Arbeitsblatt WA6 geübt werden.
2. Die Schüler erstellen an Hand vorgegebener Textstellen eine Figurenbeschreibung – wahlweise zu einem der Protagonisten. Die Aufgabenstellung sollte so angelegt sein, dass die Schüler sowohl auf die Verhaltensweisen der Figur nach außen als auch auf ihre Gedanken und Gefühle eingehen.
3. Eine mögliche Aufgabe ist auch die Ausgestaltung einer Textstelle. So wird am Ende des 3. Kapitels formuliert, dass Giovanni Maximilian „das Nötigste" (S. 49) erklärt. Die Schüler formulieren, was Giovanni sagt. Ähnlich ist die Aufgabe 3 des Arbeitsblattes T11, die auch als Klassenarbeit eingesetzt werden kann.

Detektivroman oder Thriller?

Kriminalliteratur oder kurz: **Krimi** (von lat. crimen = Verbrechen) ist der Oberbegriff für Erzählungen oder Romane, in denen es um die Aufklärung eines Verbrechens geht. Grundsätzlich kann man zwei unterschiedliche Formen erkennen: den **Detektivroman** (von engl. to detect = aufdecken) und den **Thriller** (von engl. to thrill = erschauern), es gibt aber auch Mischformen zwischen den beiden.

MERKMALE aller Kriminalromane

- Am Anfang der Geschichte steht ein **Verbrechen**.
- Ein oder mehrere **Ermittler** (das können auch Amateure sein, die mehr oder weniger zufällig in den Fall hineingezogen werden) oder Polizisten suchen nach der **Lösung des Falles**.
- Am Schluss wird der Fall gelöst und der Täter gefasst.
- Der Roman beschreibt einen realistischen Ausschnitt der Gesellschaft und hat deshalb einen starken **Bezug zur Wirklichkeit**.

MERKMALE eines Detektivromans

- Bei dem Verbrechen handelt es sich **häufig** um einen **Mord**.
- Der Ermittler versucht durch **Beobachtungen, Verhöre und Beratungen mit seinen Kollegen,** den Täter zu finden. Der Leser bekommt im Text alle wichtigen Informationen und kann versuchen, selbst den Fall zu lösen.
- **Action** spielt eine eher unwichtige Rolle.
- Am Schluss des Romans steht eine **Überführungsszene**, in der der Ermittler seine Lösung des Falles präsentiert: Er beschreibt den Tathergang und die Hinweise, die zur Lösung beigetragen haben.
- Es gibt nur eine **übersichtliche Anzahl von Personen**, die in das Verbrechen verwickelt sein könnten.
- Der Erzähler legt **falsche Spuren** und gibt viele **unwichtige oder irreführende Hinweise**, um die Auflösung nicht zu einfach zu machen.

Bekannte Autoren und ihre Ermittler:
Arthur Conan Doyle (1858–1930): Sherlock Holmes;
Agatha Christie (1890–1976): Hercule Poirot;
Henning Mankell (geb. 1948): Kurt Wallander.

Detektivroman oder Thriller?

MERKMALE eines Thrillers

- Das Verbrechen ist nicht festgelegt: Es kann **vom Raubüberfall bis zum Massenmord** alles vorkommen.
- Häufig ist von Beginn an klar, wer der **Täter** ist.
- Der Ermittler wird **in das Verbrechen hineingezogen** und muss sich ständig neu mit der Situation auseinandersetzen. Häufig gerät er dabei in Lebensgefahr. Der Leser fiebert dabei mit dem Helden mit.
- **Action-Elemente** sowie **Kampfszenen** sind wichtiger als das Nachdenken über den Fall. Wichtige Szenen schildern häufig die Verfolgung des Verdächtigen, Gefangenschaft und Befreiung des Ermittlers und die Überwältigung des Gegners.
- **Viele Personen** tauchen auf.
- Die Geschichte spielt häufig in einer **Großstadt**, deren Atmosphäre besonders genau beschrieben wird.

Bekannte Autoren und ihre Ermittler:
Raymond Chandler (1888–1959): Philip Marlowe;
Ian Fleming (1908–1964): James Bond;
Michael Connelly (geb. 1956): Harry Bosch.

1. **Nicht immer erfüllt ein Detektivroman oder Thriller alle Merkmale, die oben aufgeführt sind. Diskutiert gemeinsam: Auf welche könnte man verzichten? Welche müssen unbedingt beibehalten werden? Begründet eure Meinung.**
2. **Erkläre für den vorliegenden Roman, welche Merkmale einer Kriminalgeschichte er aufweist.**
3. **Handelt es sich um einen Detektivroman, einen Thriller oder eine Mischform?**

Eine kurze Geschichte der Kriminalliteratur

Bücher, in denen es um Verbrechen geht, gibt es ungefähr seit 300 Jahren. Eines der ersten war eine 20-bändige Sammlung von Gerichtsfällen, die der französische Jurist **François Gayot de Pitaval** (1673–1743) herausgab. Es gab jedoch noch keinen Detektiv oder eine Handlung: Pitaval stellte nur Dokumente wie Verhörprotokolle oder Gerichtsakten zusammen und nannte die wichtigsten Informationen zu Täter, Tatort usw.

Den ersten „richtigen" Krimi schrieb der Amerikaner **Edgar Allan Poe** (1809–1849). Die Erzählung „Der Doppelmord in der Rue Morgue" aus dem Jahr 1841 weist alle wesentlichen Merkmale eines Detektivromans auf. Viele Autoren nahmen sich in der Folgezeit diese Geschichte und deren Detektivhelden zum Vorbild für ihre eigenen Erzählungen.

Der bedeutendste Nachfolger von Poe war der Schotte **Arthur Conan Doyle** (1859–1930). In über 50 Erzählungen und vier Romanen ließ er seinen berühmten Detektiv Kriminalfälle lösen. Dieser braucht dazu nur seinen messerscharfen Verstand, durch genaue Beobachtung der Fakten ermittelt er die Täter. Als Doyle seinen Helden in einer Geschichte sterben ließ, protestierten seine Fans so lange, bis der Detektiv „wiederauferstand".

Eine Gegenfigur zu diesem Ermittler erschuf der aus England stammende **Gilbert Keith Chesterton** (1874–1936): Sein Detektiv löst die Fälle, indem er sich in die Beteiligten hineinversetzt und ihre Gefühle und Beweggründe erforscht. Auch diese psychologische Ermittlungsmethode fand viele Nachahmer.

Die erfolgreichste Krimiautorin aller Zeiten war **Agatha Christie** (1890–1976). Die Engländerin schrieb insgesamt über 60 Romane und weit mehr als 100 Kurzgeschichten. Zeitweise waren ihre Bücher so erfolgreich, dass nur die Bibel von mehr Menschen gelesen wurde.

Viele Autoren wollen mit ihren Krimis nicht nur die Leser unterhalten, sondern auch auf gesellschaftliche Missstände aufmerksam machen. Dieser Trend begann in den 1970er-Jahren mit Autoren wie dem Niederländer **Janwillem van de Wetering** (1931–2008) oder dem schwedischen Autorenpaar **Maj Sjöwall** (geb. 1935) und **Per Wahlöö** (1926–1975). Auch heutzutage wollen immer noch viele Autoren auf soziale Ungerechtigkeiten in ihren Krimis hinweisen, allen voran der

Eine kurze Geschichte der Kriminalliteratur

Schwede **Henning Mankell** (geb. 1948). Aber auch andere berühmte Schriftsteller wie die Amerikanerinnen **Elizabeth George** (geb. 1949) oder **Donna Leon** (geb. 1942) greifen in ihren Krimis gesellschaftliche oder politische Themen auf.

Es gibt jedoch auch Autoren, die in ihren Romanen andere Schwerpunkte setzen. Die Französin **Fred Vargas** (geb. 1957) z.B. beschäftigt sich in ihren Büchern hauptsächlich mit den Ursachen und Auswirkungen des Bösen. Andere stellen mit einem Gerichtsmediziner oder Kriminaltechniker als Ermittler die wissenschaftliche Untersuchung des Falls in den Mittelpunkt der Geschichte.

Darüber hinaus haben sich in den letzten Jahren auch ganz neue Krimiformen gebildet: historische Krimis, Wissenschaftskrimis, Regionalkrimis sowie Anwalts- und Gerichtsthriller.

1. **Setzt euch in vier Gruppen zusammen. Begebt euch dann auf Spurensuche: Ermittelt die folgenden Personen, und ordnet sie den im Text genannten Autoren zu. Recherchiert dazu in der Bücherei oder im Internet über die Schriftsteller und ihre Romane.**

   Gruppe 1: a) Pater Brown, b) Brigadier de Gier

   Gruppe 2: c) Martin Beck, d) Auguste Dupin

   Gruppe 3: e) Kurt Wallander, f) Jane Marple

   Gruppe 4: g) Sherlock Holmes, h) Jean-Baptiste Adamsberg

2. **Erstelle eine Zeitleiste, in der du die im Text genannten Autoren einträgst. Vielleicht fallen dir noch weitere Krimiautoren ein, die du ergänzen kannst.**

TKKG, Miss Marple und Co.

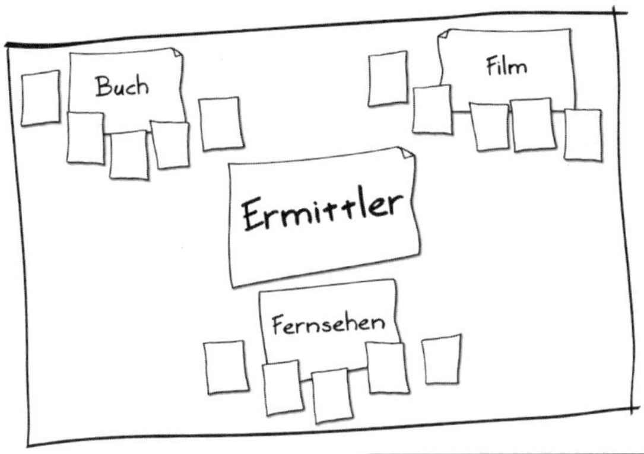

Die meisten von euch kennen sicher mehrere Ermittler aus Büchern, Filmen oder dem Fernsehen.

1. **Überlegt euch, welche Ermittler ihr kennt. Schreibt die Namen auf ein Karteikärtchen, oder bringt ein Bild von ihnen mit. Heftet die Karten und Bilder auf ein großflächiges Plakat oder eine Pinnwand. Sortiert sie dabei nach Ermittlern aus Büchern, Filmen und Fernsehen. Vielleicht müsst ihr auch einige in zwei Kategorien kleben. Werden Figuren doppelt genannt, klebt die Zettel übereinander. Daran könnt ihr erkennen, wie bekannt ein Ermittler in eurer Klasse ist.**
   a) Welche Ermittler sind in eurer Klasse am bekanntesten? Gibt es Gründe dafür?
   b) Welche Figuren gefallen euch besonders gut, welche findet ihr schlecht? Warum?

2. **Suche dir einen Ermittler aus den genannten aus, und erstelle für ihn einen Steckbrief. Dafür solltest du nach folgenden Informationen fahnden:**
   - ⇨ Wie sieht der Ermittler aus?
   - ⇨ Hat er besondere Fähigkeiten oder Eigenschaften (kann er z.B. besonders gut klettern, oder ist er besonders intelligent)?
   - ⇨ Wer hat die Figur erfunden?
   - ⇨ Wann ist der Ermittler zum ersten Mal in Büchern oder im Film aufgetaucht?
   - ⇨ Wie heißen die (wichtigsten) Bücher, Filme oder Serien, in denen er vorkommt?

3. **Stellt euch gegenseitig eure Steckbriefe vor. Vielleicht könnt ihr dazu einen kurzen Abschnitt aus einem passenden Krimi vorlesen oder einen Ausschnitt aus einem Film oder einer Serie zeigen.**

KAPITEL I

ADAM

1. **Lies die Seiten 9 bis 11 des ersten Kapitels. Beantworte dann die Fragen.**

Was sollte Adam machen?

___

Warum hat Adam das nicht gemacht?

___

Wie reagiert der Mann?

___

2. **Markiere im Text mit verschiedenen Farben, was der Mann sagt und was Adam antwortet. Notiere am Rand, wie die Personen sprechen:** *laut, leise, wütend, ängstlich, ...*
3. **Lest die markierten Textstellen mit verteilten Rollen laut vor. Die anderen in der Klasse hören zu und überlegen: Passt die Art, wie gelesen wird, zum Text?**

Der Textausschnitt, den du gelesen hast, ist gar nicht so einfach zu verstehen. Es fehlen viele wichtige Informationen: Du weißt nicht, wer der Mann ist. Auch über Adam erfährst du wenig: Warum ist Adam immer so langsam? Wo putzt Adam überhaupt?

Schreibe diese und andere wichtige Fragen auf die erste Seite deines Lektüre-Arbeitsheftes. Lass hinter jeder Frage 2 bis 3 Zeilen Platz. Wenn du die Geschichte weiterliest, findest du vielleicht Antworten auf deine Fragen. Die kannst du dann direkt unter der Frage notieren.

Vergleicht eure Fragen in der Klasse. Ergänze Fragen, die du noch nicht notiert hast.

GIOVANNI

1. Lies die Seiten 12 bis 18 des ersten Kapitels. Sind diese Aussagen richtig oder falsch? Kreuze an.

	richtig	falsch
Giovanni war im Sommer in Sizilien.		
Giovanni spricht sehr gut Italienisch.		
Die Klasse von Giovanni ist in diesem Schuljahr in den Räumen des Albert-Einstein-Gymnasiums untergebracht.		
Der Direktor des Gymnasiums ist nicht erfreut darüber, dass die 8. Klasse der Hauptschule jetzt Unterricht in den Räumen des Gymnasiums hat.		
Giovanni freut sich auf das neue Schuljahr, besonders auf seinen neuen Klassenlehrer.		
Suna ist eine Außenseiterin in der Klasse.		

2. Giovanni ist ziemlich frech, aber er ist auch sehr schlagfertig. Schlagfertig zu sein, bedeutet, immer sehr schnell eine passende Antwort zu haben. Markiere im Text Giovannis schlagfertige Antworten.

3. Giovanni hat ein außergewöhnliches Hobby: Stadtpläne lesen und auswendig lernen. Sprecht in der Klasse darüber, warum sein Hobby so ungewöhnlich ist. Kennt ihr weitere ausgefallene Hobbys? Sammelt diese an der Tafel.

4. Das Albert-Einstein-Gymnasium ist besser ausgestattet als die Schillerschule. Das Gymnasium hat einen Konzertflügel und eine teure Musikanlage, aber Giovanni sehnt sich nach der kaputten Pauke und dem verstaubten Klavier der Schillerschule. Kannst du das verstehen? Schreibe die Gründe, warum Giovanni Sehnsucht nach der Schillerschule hat, auf einen Notizzettel. Sammelt alle Zettel ein. Zwei von euch lesen abwechselnd in der Klasse vor, was auf den Zetteln steht. Habt ihr alle dieselben Gründe aufgeschrieben? Sprecht darüber in der Klasse.

KAPITEL 2

Adam, Thomas und Simon

1. Lies die Seiten 19 und 20 des zweiten Kapitels. Beantworte dann die Fragen in deinem Lektüre-Arbeitsheft.

Warum ist Adam erleichtert?

Wann findet das Gespräch zwischen Adam und Thomas statt?

Wo wohnen Adam, Thomas und Simon?

2. Was gehört zu wem? Verbinde die Namen mit den passenden Aussagen über diese Personen.

	○ kommt aus Afrika.
Adam ○	○ kommt auch aus Afrika.
	○ kommt aus Polen.
Simon ○	○ putzt den ganzen Tag.
	○ lebt schon lange in Deutschland.
Thomas ○	○ spricht nur ganz wenig Deutsch.
	○ hat keinen Pass, weil der Mann ihm seine Papiere abgenommen hat.

3. Thomas sagt: „Wir bauen unser neues Gefängnis im Hof." Das ist nicht wörtlich gemeint, sondern ein Vergleich. Schreibe in dein Lektüre-Arbeitsheft alle Begriffe, die dir spontan zu dem Vergleich „wie in einem Gefängnis leben" einfallen.

Lies noch einmal die Fragen, die du auf der ersten Seite deines Lektüre-Arbeitsheftes notiert hast. Hast du schon Antworten gefunden? Dann schreibe sie auf.
Vielleicht hast du aber auch weitere Fragen? Notiere sie und lass wieder 2 bis 3 Zeilen Abstand zwischen deinen Fragen.

Giovanni und Co.

1. Lies die Seiten 21 bis 32 des zweiten Kapitels. Hier wird beschrieben, dass Giovanni ziemlich viel Pech hat. Was ist genau passiert? Ergänze die Informationen.

Zu Hause: ____________________

Im Deutschunterricht: ____________________

Nach der vierten Stunde: ____________________

Auf dem Gang: ____________________

Bei der Klassenkonferenz: ____________________

2. Im zweiten Kapitel passiert sehr viel – auch zwischen den Personen, zum Beispiel zwischen Giovanni und Suna. Eigentlich kann Giovanni Suna gar nicht leiden, aber auf einmal ist er schon fast nett zu ihr. Lies das Gespräch zwischen Giovanni und Suna (S. 31). Markiere die Stellen, die dir zeigen, dass Giovanni sich anders verhält als sonst.

3. Lies die Seiten 32 bis 35 des zweiten Kapitels. Suche dir einen Partner. Sprecht darüber, wie das Gespräch zwischen Giovanni und Maximilian auf euch wirkt. Die Beschreibungen unten helfen euch dabei. Umkreist das, was zutrifft. Streicht das durch, was nicht zutrifft.

komisch

peinlich

freundschaftlich

verkrampft

unsicher

gelangweilt

ungeduldig

Maximilian sagt viel mehr als Giovanni.

nervös

Giovanni hat ein unpassendes Geschenk mitgebracht.

Maximilian kann viel besser reden als Giovanni.

4. Lies das Gespräch zwischen Giovanni und Maximilian mit deinem Partner laut vor. Markiert vorher im Text, was Giovanni sagt und was Maximilian. Wie müsst ihr lesen, damit die Stimmung des Gesprächs deutlich wird? Denkt daran, was ihr bei Aufgabe 3 besprochen habt.

DAS MÄDCHEN

Lies zuerst die Seiten 36 und 37 des dritten Kapitels. Sieh dir dann deine Fragen an, die du auf der ersten Seite deines Lektüre-Arbeitsheftes notiert hast. Hast du noch neue Fragen oder bereits Antworten gefunden? Schreibe sowohl die neuen Fragen als auch deine Antworten auf.

1. Warum hat das Mädchen mit Adam geschimpft? Wie hat sie ihn bestraft? Schreibe eine kurze Antwort auf die Fragen in dein Lektüre-Arbeitsheft.

2. Thomas ist verschwunden. Wo ist er? Was hat er gemacht? Hast du eine Idee? Schreibe sie in dein Lektüre-Arbeitsheft.

3. Der Krimi, den du liest, hat den Titel „Schattendasein“. Dieses Wort benutzt man in Redewendungen wie „ein Schattendasein führen“ oder „ein Schattendasein fristen“. Welche Erklärung dieser Redewendung findest du am besten? Du kannst auch mehrere auswählen. Umkreise sie.

unauffällig sein *im Hintergrund stehen* *zweitrangig sein*

sich nicht entwickeln können *unbedeutend sein* *ärmlich leben*

KAPITEL 3

BIGGI

1. **Lies die Seiten 38 bis 49 des dritten Kapitels. Dieses Kapitel hat viele Unterkapitel. Jedes Unterkapitel endet mit einem ●. Gib jedem Unterkapitel eine Überschrift. Schreibe deine Überschriften ins Buch.**

SEITE 42/43

Giovanni hatte eine Cousine, Francesca, die auch immer einen Haufen Dienerinnen und Diener um sich versammelte. Er wusste, wie das ging, man gab einem Teil der Leute das Gefühl, dazuzugehören – dazu musste man anderen genau das Gegenteil deutlich machen.

Giovanni denkt, dass Biggi sich genauso verhält. Stimmt das?

2. **Suche die Stellen im Text, die dir zeigen, wie Biggi sich gegenüber ihren Mitschülern verhält. Wer gehört zu den „Dienerinnen und Dienern"? Wer zur anderen Gruppe? Übertrage die Tabelle in dein Lektüre-Arbeitsheft, und ergänze dort weitere Namen und Beispiele.**

Ebru	Suna	...
Ebru gehört zu den Dienerinnen.	Suna gehört zu ...	
Biggi nennt Ebru „Schatzi".	Biggi beleidigt Suna und gibt ihr Schimpfnamen.	

Der Direktor des Gymnasiums heißt Böttiger.
ja ☐ nein ☐

Was bekommt Giovanni nach dem Vorfall mit Maximilian **nicht**?
☐ 14 Tage Schulausschluss
☐ die Aufgabe, den Schulhof sauber zu machen
☐ einen Vermerk im Zeugnis

3. **In den ersten drei Kapiteln ist ziemlich viel passiert. Und es kommen auch immer neue Personen dazu. Habt ihr euch alles merken können? Bereitet ein Quiz vor. Jeder von euch notiert sich zwei Fragen zu der Geschichte.**

Teilt die Klasse in zwei Gruppen. Die Mitglieder der Gruppen lesen abwechselnd ihre Fragen vor. Die andere Gruppe versucht zu antworten. Die Gruppe mit den meisten richtigen Antworten hat gewonnen.

DIE FREUNDE

Lies Seite 50 des vierten Kapitels. Hast du Antworten auf deine Fragen gefunden, die du auf der ersten Seite deines Lektüre-Arbeitsheftes notiert hast? Wenn ja, schreibe sie auf.

Im 4. Kapitel wird beschrieben, wie Giovanni, Suna und Maximilian langsam richtige Freunde werden. Aber Freundschaft zu schließen, ist manchmal gar nicht so einfach. Wie soll man sagen, dass man den anderen zum Freund haben möchte? Vielleicht will der ja gar nicht …

1. **Auch Giovanni, Suna und Maximilian benehmen sich am Anfang ziemlich merkwürdig. Lies den Rest des 4. Kapitels, und wähle eine der drei Hauptfiguren aus. Sammle Beispiele, die das merkwürdige Verhalten der von dir gewählten Figur zeigen.**

Suna ruft Giovanni an und möchte ihn einladen. …

Maximilian weiß nicht, wie er Giovanni erklären soll, warum seine Eltern ihn nicht mögen. …

Giovanni weiß nicht, was er sagen soll, als Suna anruft. …

2. **Giovanni und Maximilian sind sehr verschieden: Maximilian besucht das Gymnasium, Giovanni die Hauptschule. Sie haben unterschiedliche Interessen – außer dem Stadtplanlesen natürlich. Sie kleiden sich auch ganz anders. Und sie sprechen unterschiedlich. Schreibe auf: Wie hätte Giovanni das, was Maximilian sagt, ausgedrückt? Und umgekehrt.**

Maximilian sagt:	**Giovanni hätte gesagt:**
„Und warum soll ich da mit?" „Hat sie gesagt, dass ich mitkommen soll?" „Weil du dich alleine nicht traust? Soll ich deshalb mit?" „Kannst auch mal was sagen!" (S. 56)	
Maximilian hätte gesagt:	**Giovanni sagt:**
	„Ich bin nämlich doch von der Mafia! Natürlich nicht, war nur Scheiß! Ich hab' auf jeden Fall einen Plan. Voll den geilen Plan!" (S. 67)

KAPITEL 5

DER PLAN

Lies die Seiten 68 und 69 des fünften Kapitels. Wer ist der Mann? Bestimmt hast du jetzt eine Idee! Schreibe deine Antwort in dein Lektüre-Arbeitsheft.

Lies dann den Rest des Kapitels. Bildet Gruppen zu drei bis vier Schülern. Ihr seid ein Ermittlungsteam, das bedeutet: ein Team von „Spürnasen", die einen Fall lösen müssen. Sprecht darüber, was ihr bisher alles über den Fall wisst. Macht euch während des Gesprächs Notizen.

Schreibt mit Hilfe eurer Notizen einen Ermittlungsbericht in euer Lektüre-Arbeitsheft. Notiert als Überschrift: *Stand der Ermittlungen*

POLIZEIABSPERRUNG POLIZEIABSPERRUNG POLIZEIABSPERRUNG POLIZEIABSPERRUNG POLIZEIABSPERRUNG POLIZEIABSPERRUNG POLIZEIABSPERRUNG POLIZE

Suna schrieb immer noch: ... ich denke, ich sollte vernünftig sein und mich auf die Schule konzentrieren.
Suna schaute diesen letzten Satz an, und plötzlich kam er ihr vor, als hätte ihn jemand anders geschrieben, sogar die Schrift kam ihr fremd vor. Ihr wurde schlecht.

Sein Vater schüttelte den Kopf. „Das ist einfach nicht vernünftig! Es ist ja sogar ... kriminell ist das!" Genau das dachte Maximilian auch. Es war ein bisschen kriminell, sicher nicht vernünftig – endlich, endlich, endlich mal nicht vernünftig!

POLIZEIABSPERRUNG POLIZEIABSPERRUNG POLIZEIABSPERRUNG POLIZEIABSPERRUNG POLIZEIABSPERRUNG POLIZEIABSPERRUNG POLIZEIABSPERRUNG POLIZE

1. **Was halten Suna und Maximilian von Giovannis Plan? Vergleicht die beiden Textausschnitte. Sprecht darüber in der Klasse.**
2. **Hast du es gemerkt? Maximilian redet schon fast so wie sein Freund Giovanni. Lies dir die Seiten 76 bis 78 und 79 bis 80 noch einmal genau durch. Unterstreiche die Wörter und Formulierungen, die Maximilian von Giovanni übernommen haben könnte.**

ERINNERUNGEN

Lies die Seiten 81 und 82 des sechsten Kapitels. Hier erfährst du viel über Adam. Notiere in deinem Lektüre-Arbeitsheft die Antworten, die du auf deine Fragen gefunden hast.

1. Der Mann hat Adams Eltern belogen; aber auch sie haben nicht die Wahrheit gesagt. Schreibe die Lügen auf. Versuche auch, Gründe für die Lügen zu finden.

Die Lüge von Adams Eltern / mögliche Gründe:

____

____

Die Lüge des Mannes / mögliche Gründe:

____

____

2. Adam wird traurig, wenn er an früher und an seine Familie denkt. Aber eigentlich war Adams Kindheit gar nicht schön: Er musste auf dem Hof arbeiten, sein Vater hat ihn nicht gemocht, seine Familie hatte kein Geld ...

Setzt euch zu dritt oder viert zusammen, und überlegt, warum Adam traurig wird, wenn er an früher denkt. Treffen die folgenden Gründe zu? Wenn ja, umkreist sie. Wenn nicht, streicht sie durch. Findet weitere Gründe.

Adams Mutter war sehr lieb zu ihm.

Man liebt seine Familie immer – auch dann, wenn es Probleme mit den Eltern gibt.

Adams Kindheit war gar nicht so schlimm.

Er musste nicht betteln gehen.

Auf einem Hof zu helfen, kann auch schön sein.

Er konnte mit Leuten reden. Heute hat er niemanden, mit dem er sprechen kann.

Adam geht es heute noch schlechter als früher.

WIEDER AUSSENSEITER?

1. Lies die Seiten 83–96. Sind die Aussagen richtig oder falsch? Kreuze an.

	richtig	falsch
Suna bekommt den Job als Aushilfskellnerin im Restaurant von Biggis Vater.		
Suna, Maximilian und Giovanni treffen sich bei Maximilian, weil es in der Pizzeria von Giovannis Onkel zu gefährlich wäre. Dort könnte Biggis Vater Suna sehen.		
Suna kommt zu früh zu dem Treffen. Sie hat im Beachclub schon etwas Wichtiges entdeckt.		
Die Stimmung zwischen den drei Freunden ist sehr gut.		
Nach dem Treffen geht Suna noch einmal zurück in den Beachclub.		

„Also, am Rosenmontag ist die Riesenfete, wenn ich mich überhaupt mal zwischendurch verdrücken kann, dann da. Da hat er nämlich noch zwei zusätzliche Bedienungen, hat er gesagt – und naja, da wäre ich dann ganz froh, wenn jemand zum Beschützen da wäre, wenn er mich beim Fotografieren erwischt."

Nachdem Suna das gesagt hat, fängt Maximilian kurze Zeit später an zu weinen.

2. Suche dir einen Partner. Überlegt, was für Maximilian so schlimm ist an dem, was Suna gesagt hat. Sammelt eure Überlegungen in eurem Lektüre-Arbeitsheft. Wie hätten Suna und Giovanni Maximilian trösten können? Schreibt einen kurzen Dialog, der Maximilian wieder zum Lachen bringt.

KAPITEL 7

WAS FÜR EIN DURCHEINANDER!

1. Lies die Seiten 97 und 98. Fasse in zwei bis drei Sätzen zusammen, was Adam falsch gemacht hat. Schreibe dazu in dein Lektüre-Arbeitsheft.

2. Lies den Rest des siebten Kapitels (S. 99–106). Auf einmal geht alles ganz schnell: Suna beobachtet, was Biggis Vater mit Adam macht. Maximilian und Alexander versöhnen sich … Gib jedem Unterkapitel eine Überschrift. Ein Unterkapitel ist dann zu Ende, wenn du einen siehst. Schreibe die Überschriften ins Buch. So behältst du den Überblick.

3. Suna hat Giovanni darüber informiert, was passiert ist. Auch Giovanni denkt jetzt, dass es besser ist, zur Polizei zu gehen. Im Text steht aber gar nicht, was Suna Giovanni genau erzählt hat. Schreibe auf, was Suna gesagt haben könnte.

Gestern Abend bin ich noch einmal zum Beachclub gegangen. Jch habe gehört, wie Biggis Vater ______________________

____

____

____

4. Herr Rieker, der Polizist, glaubt Giovanni und Suna nicht. Er denkt, dass sich die beiden an Biggis Vater rächen wollen. Unterstreiche im Text (S. 104 und 105), was Herr Rieker genau sagt.

DAS WAR KNAPP!

18.00 Uhr:
Der Marsmensch war fertig für die Expedition und hätte sich gerne noch ein bisschen ausgeruht, da fiel seinem Kapitän noch etwas ein. Seufzend ging der Marsmensch wieder an die Arbeit. Immerhin hatte sein Kapitän ein Foto. Glück gehabt.

Im 8. Kapitel wird erzählt, was am Rosenmontag alles passiert. Und es passiert viel Verrücktes! Da ist z.B. ein Marsmensch …

1. **Lies das 8. Kapitel noch einmal ganz durch (S. 107–119). Beantworte dann die Fragen zu dem oben stehenden Zitat.**

- Wer ist der Marsmensch?
- Wer ist sein Kapitän?
- Von wem hat der Kapitän ein Foto?
- Wozu braucht der Marsmensch das Foto?

2. **Am Abend des Rosenmontags überstürzen sich die Ereignisse. Bringe sie in die richtige Reihenfolge.**

[ ] Maximilian sagt, dass Giovanni Suna anrufen soll.

[ ] Als Giovanni und Alexander in den Beachclub kommen, steht Bongartz am Tresen. Kurze Zeit später geht er in die Küche. Suna ist nirgendwo zu sehen.

[1] Suna wartet einen günstigen Moment ab. Dann geht sie durch die Küche in den Hof. Im Kühlraum findet sie den verletzten Adam.

[ ] Bongartz sucht Suna, findet sie im Kühlraum und bedroht sie.

[ ] Maximilian erinnert Giovanni an die Kontrolle im Bus. Er sagt, dass Suna im Hof ist.

[4] Giovanni und Alexander gehen in die Küche, finden aber weder Bongartz noch Suna.

[ ] Giovanni und Alexander gehen in den Hof. Vorher greift sich Giovanni eine Bratpfanne. Er überwältigt Bongartz.

[ ] Als ihr Handy klingelt, behauptet Suna, dass das ihre Mutter sei. Im Gespräch nennt sie einen Straßennamen, den es in der Stadt nicht gibt.

ALLES ANDERS?

Lies die Seiten 120 bis 122. Hier erfährst du noch mehr über Adam, Thomas und Simon. Schreibe in dein Lektüre-Arbeitsheft die Antworten, die dir noch fehlen.

Unter deinen Fragen und Antworten kannst du jetzt notieren: „Ermittlungen abgeschlossen". Dann notierst du noch das Datum des heutigen Tages und unterschreibst.

Im 9. Kapitel feiern Giovanni, Maximilian und Suna zusammen ihren Erfolg. Sie sind jetzt Freunde – ganz anders als am Anfang der Geschichte.

Aber ist jetzt wirklich alles anders? Giovanni hat sich doch gar nicht verändert …

1. Lies den Rest des 9. Kapitels (S. 122–128). Schreibe auf, was auch im letzten Kapitel „typisch Giovanni" ist.

- Giovanni schlägt vor, die Schule zu schwänzen.
- ______________________________
- ______________________________
- ______________________________
- ______________________________
- ______________________________

2. Der Fall ist abgeschlossen. Glaubst du, dass Giovanni, Maximilian und Suna weiterhin Freunde bleiben? Schreibe deine Meinung in dein Lektüre-Arbeitsheft, und begründe sie.

ALLES EINE FRAGE DER PERSPEKTIVE

Giovanni hat die Zeichnung, die Igor von Suna gemacht hat, an sich genommen. Als Herr Böttiger nach der Zeichnung fragt, behauptet Giovanni, dass er den Zettel gegessen habe ... Dann bekommt Giovanni zwei Wochen Schulausschluss ...

Was ist genau passiert? Lies noch einmal die Seiten 21 bis 22 und die Seiten 26 bis 32. Wähle eine der drei Aufgaben aus.

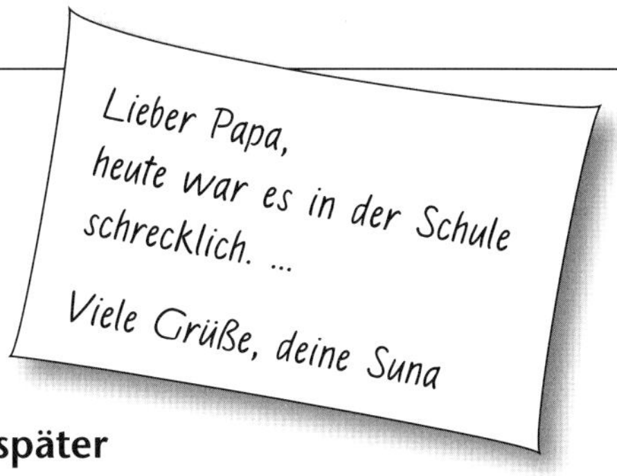

1. Suna schreibt ihrem Vater Briefe. Sie schickt diese Briefe aber nie ab, weil sie die Adresse ihres Vaters gar nicht kennt. Mehr darüber erfährst du später (S. 75–76 und S. 78–79). Suna schreibt ihrem Vater und erzählt, was in der Schule passiert ist. Schreibe Sunas Brief.

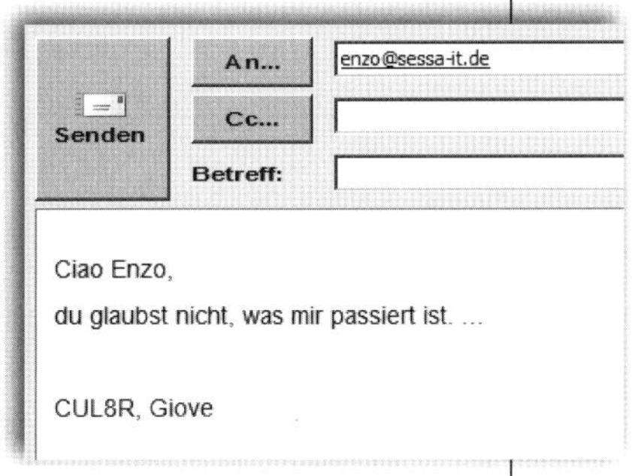

2. Giovanni hat einen Cousin – Enzo. Du lernst ihn später noch kennen (ab S. 105). Enzo ist schon älter als Giovanni, aber sie verstehen sich sehr gut. Giovanni schreibt Enzo eine E-Mail und erzählt, was passiert ist. Schreibe die E-Mail an Enzo.

3. Stelle dir vor, du wärst eine Mitschülerin oder ein Mitschüler von Giovanni und Suna. Du möchtest dem Sozialarbeiter an eurer Schule erzählen, was wirklich passiert ist. Mache dir Notizen, damit du nichts vergisst. Denke auch an die Reihenfolge der Ereignisse: Was ist zuerst passiert, was danach?

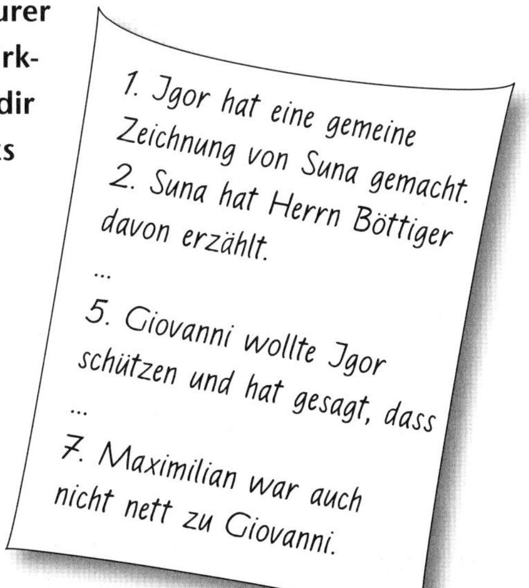

FREUNDSCHAFT

1. **Als Maximilian erzählt, dass er manchmal Stadtpläne auswendig lernt, ist Giovanni sehr überrascht. Giovanni freut sich aber auch und sagt auf einmal „Massimo" zu Maximilian. Warum macht er das? Schreibe eine kurze Erklärung in dein Lektüre-Arbeitsheft.**

2. **Es gibt viele internationale Vornamen. Aber in jeder Sprache klingen sie doch ein bisschen anders. Wie heißen die folgenden italienischen Namen auf Deutsch? Trage den entsprechenden deutschen Namen neben dem italienischen ein.**

Elisabeth Philipp Josef Petra ~~Johanna~~
Charlotte Paul Heinrich

Filippo – ____________	Guiseppe – ____________
Giovanna – Johanna	Piera – ____________
Paolo – ____________	Carlotta – ____________
Isabella – ____________	Enrico – ____________

TIPP Spricht jemand von euch Italienisch? Dann kann er oder sie die italienischen Namen in der Klasse vorlesen.

3. **Sucht euch einen Partner. Überlegt: Was ist für euch bei einer Freundschaft am wichtigsten? Was ist euch nicht so wichtig?**
   Übertragt die Tabelle in euer Lektüre-Arbeitsheft.
   Tragt die Beispiele dort in die Tabelle ein, wo sie für euch stehen müssen. Ergänzt weitere Verhaltensweisen und Eigenschaften.

Ein Freund oder eine Freundin muss immer Zeit für mich haben.

Meine Freunde oder Freundinnen müssen schicke Klamotten tragen.

Die Eltern meiner Freunde und Freundinnen müssen mich mögen.

Freundschaft	
Das ist für mich wichtig:	Das ist für mich nicht so wichtig:

STADTPLÄNE LESEN

Giovanni und Maximilian lernen Stadtpläne auswendig. Sie spielen: Wer kennt die meisten Straßen in einer Stadt? Versucht das auch einmal.

1. **Schaut euch 10 Minuten lang den Ausschnitt aus dem Stadtplan genau an. Versucht, euch so viele Straßennamen wie möglich zu merken.**
2. **Sucht euch einen Partner. Einer von euch dreht das Blatt um. Der andere schaut in den Stadtplan und fragt. Jede richtige Antwort gibt einen Punkt. Notiert die Punkte. Wenn der Erste einen Fehler gemacht hat oder keine Antwort weiß, tauscht ihr.**

TIPP

TIPPS für die Fragen:

a) Ihr sagt zum Beispiel: „Nenn mir eine Querstraße zur Langen Straße." Hier gibt es mehrere richtige Antworten und für jeden richtigen Straßennamen einen Punkt.

b) Oder ihr sagt: „Nenn mir die Verlängerung der Wallstraße in Richtung Südosten." Oder: „Zweite Querstraße der Müllergasse in Richtung Osten." Dann ist immer nur eine Antwort richtig, und es gibt nur einen Punkt.

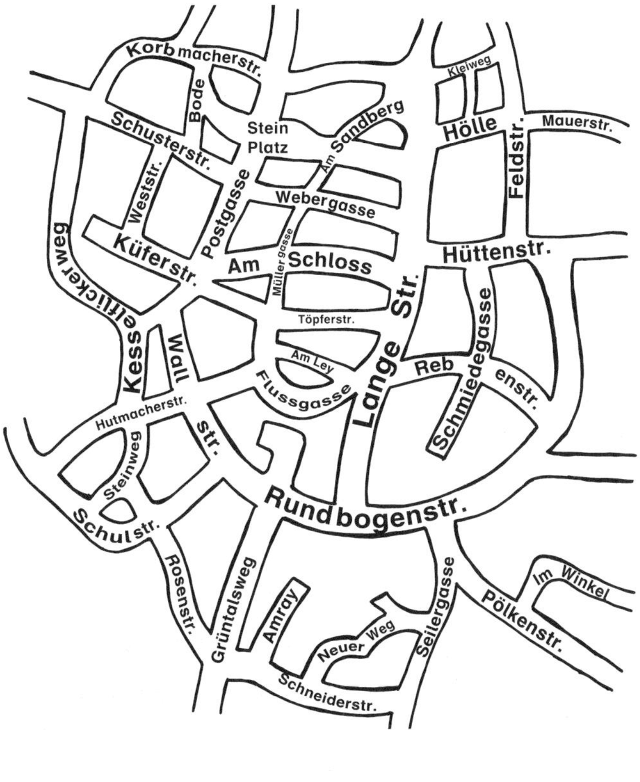

Pizza für drei Euro?

1. **Pizza mag eigentlich jeder! Bestimmt hast du auch eine Lieblingspizza. Suche ein Rezept für deine Lieblingspizza, und schreibe es in dein Lektüre-Arbeitsheft.**

> **TIPP**
>
> **Rezepte finden**
> - Gehe in eine Bücherei, und suche nach einem Kochbuch für italienische Gerichte. Vielleicht findest du sogar ein spezielles Kochbuch zum Pizzabacken.
> - Suche im Internet nach einem Pizzarezept, z.B. unter ***www.chefkoch.de*** oder ***www.rezeptewiki.org***

2. **Schreibe einen Einkaufszettel für alle Zutaten, die du für deine Lieblingspizza brauchst. Die Gewürze kannst du weglassen, denn die hat man meist zu Hause. Frage deine Eltern, deinen Lehrer, oder schau im Supermarkt, wie teuer diese Zutaten ungefähr sind. Notiere dir die Preise.**

3. **Bildet zu viert eine Gruppe. Vergleicht eure Rezepte und die Kosten für die Zutaten. Welches Rezept ist das günstigste, welches das teuerste?**

4. **Giovannis Onkel Vittorio hat erzählt, dass im Beachclub eine Pizza für drei Euro verkauft wird (S. 52). Kann das wirklich sein? Rechnet in der Gruppe nach.**
   - ⇨ Pizzarezepte sind meist für vier Personen. Teilt die Kosten für euer Pizzarezept durch vier. Das ist der Preis pro Person.
   - ⇨ Ein Restaurantbesitzer kann so natürlich nicht rechnen, denn er hat noch viele andere Kosten (Miete für das Restaurant, Strom, Wasser, Gehälter für das Personal …). Allerdings kann er im Großhandel auch günstiger einkaufen als im Supermarkt. Man kann ungefähr so rechnen: Der Preis, den man im Restaurant für eine Pizza bezahlt, muss dreimal so hoch sein wie die Kosten für die Zutaten. Das heißt: Biggis Vater darf pro Pizza für eine Person nicht mehr als einen Euro ausgeben! Vergleicht das mit dem Preis, den ihr für die Zutaten ausgerechnet habt.
   - ⇨ Wie schafft Biggis Vater es, eine Pizza so billig zu verkaufen? Sammelt eure Vermutungen, und notiert sie in eurem Lektüre-Arbeitsheft.

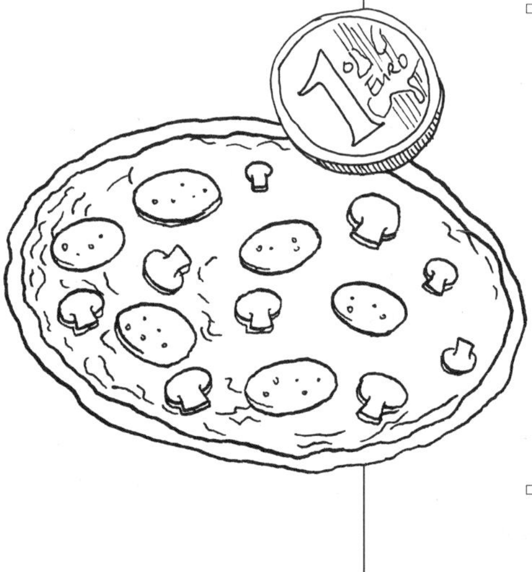

GEDANKEN UND WÜNSCHE

Wähle eine der drei Aufgaben aus.

„Ich weiß nicht", sagte Suna mit gesenktem Blick, als sie unter sich waren. „Ich will, dass etwas anders wird, irgendetwas, alles. Auf jeden Fall."

Und dann dachte er an das Meer, an die Nonna und seinen Atlas zu Hause.

„Ich wäre so gerne mal bei irgendwas wirklich dabei. Das ist alles."

1. Suna möchte, dass sich etwas ändert, dass alles anders wird. Was meint Suna damit? Schreibe in dein Lektüre-Arbeitsheft, was Suna sich alles wünschen könnte. Schreibe in der Ich-Form, das heißt aus Sunas Sicht.

Alles soll anders werden
- *Ich möchte nicht dick sein.*
- ...

2. Irgendwann in der Klassenlehrerstunde fängt Giovanni an zu träumen ... Schreibe in dein Lektüre-Arbeitsheft, wovon Giovanni träumen könnte. Wenn du möchtest, kannst du auch malen, was er sich vorstellt.

Giovanni träumt von:
Sommer, Hitze, ...

3. Maximilian ist sehr traurig, weil er glaubt, dass er wieder einmal nicht dabei sein kann. Maximilian kann einiges nicht mitmachen, was für andere Jugendliche ganz normal ist. Schreibe in dein Lektüre-Arbeitsheft, was Maximilian einmal alles machen möchte. Schreibe in der Ich-Form, das heißt aus Maximilians Sicht.

Dabei sein
- *Ich möchte auf dem Schulhof bei den anderen Schülern sein – nicht bei dem Lehrer.*
- ...

WAS WÄRE GEWESEN, WENN ...?

Was wäre gewesen, wenn viel früher bekannt geworden wäre, was im Beachclub los ist? Wähle eine der folgenden zwei Aufgaben.

Aufgrund der Verletzungen vermuteten die Ärzte, dass ...

Das Mädchen behauptete, ...

Birgit gab später zu, ...

Kurz vor Karneval wurde die 15-jährige Schülerin Birgit B. ins Krankenhaus eingeliefert.

... war stark alkoholisiert ...

Am Karnevalssonntag wurde der Wirt eines Restaurants festgenommen.

Der Grund für die Misshandlungen ...

Als die Polizei kam, ...

Nachbarn hatten lautes Geschrei gehört und ...

Herr B. hatte seinen Mitarbeiter ...

... war stark alkoholisiert ...

Das Restaurant von Herrn B. ...

1. **Was wäre gewesen, wenn die Ärzte im Krankenhaus gemerkt hätten, dass Biggi nicht die Treppe heruntergefallen ist, sondern geschlagen wurde? Sie hätten sicher die Polizei und das Jugendamt informiert. Auch die Presse hätte davon erfahren. Schreibe einen Zeitungsbericht in dein Lektüre-Arbeitsheft: Ordne und ergänze dazu zunächst die folgenden Informationen.**

2. **Was wäre gewesen, wenn die Nachbarn gehört hätten, wie Herr Bongartz Adam angeschrien und geschlagen hat (S. 97–99)? Sie hätten sicher die Polizei gerufen. Auch die Presse hätte davon erfahren. Schreibe einen Zeitungsbericht in dein Lektüre-Arbeitsheft: Ordne und ergänze dazu zunächst die folgenden Informationen.**

TIPP

Einen Bericht schreiben – TIPPS

1. Schreibe den Bericht kurz, sachlich und genau.
2. Gib an, **was** passiert ist, **wo** es passiert ist und **wer** beteiligt war.
3. Berichte im Präteritum (z.B. *ging*). Wenn etwas vor dem Ereignis, über das du berichtest, passiert ist, benutzt du das Plusquamperfekt (z.B. *hatte gesagt*).

SPASS, UNFUG, STREIT ... ODER MOBBING?

1. **Bildet Gruppen zu drei oder vier Schülern. Nehmt Zettel in zwei verschiedenen Farben (zum Beispiel rot und grün). Lest die Beispiele, und sprecht darüber. Sind das Beispiele für Mobbing?**
   Schreibt die Nummern der Beispiele, die ihr für Mobbing haltet, auf rote Zettel. Nehmt für jedes Beispiel einen Zettel. Die Nummern der Beispiele, die für euch kein Mobbing sind, notiert ihr auf grünen Zetteln.

Beispiel 1:
Alle Schüler und Schülerinnen einer Klasse nennen ihre Mitschülerin, die Fatma heißt und ein bisschen dick ist, „Fettma". Fatma hat sich daran gewöhnt.

Beispiel 2:
Nach dem Sportunterricht sucht Christian verzweifelt seine Jeans. Die ganze Klasse lacht, als er schließlich in seiner Sporthose zu spät ins Klassenzimmer kommt. Letzte Woche hat Christian seinen Füller vermisst, und vor einigen Wochen war sein Zeichenblock weg.

Beispiel 3:
Nach der Schule muss Anna-Lena schnell zum Handballtraining. Als sie losfahren will, sieht sie, dass die Reifen ihres Fahrrads keine Luft mehr haben. An der Ecke stehen Saskia und Galina, zeigen auf sie und tuscheln.

Beispiel 4:
Lisa und Nesre haben Streit. Eigentlich ging es um eine Kleinigkeit, aber dann haben die beiden sich angeschrien, beleidigt und getreten. Jetzt sprechen sie seit Tagen nicht mehr miteinander.

Beispiel 5:
Rafael und Sammy kleben ihrem Mitschüler Max einen Zettel auf den Rücken. Auf dem Zettel steht: „Meine Jacke ist aus Kleidercontainer". Max merkt das nicht und wundert sich, dass alle lachen.

Beispiel 6:
Donek bekommt jeden Tag E-Mails, in denen er beleidigt und beschimpft wird. In der letzten Mail stand sogar, dass er Prügel bekommen wird. Donek weiß nicht, von wem die Mails sind. Der Absender nennt sich: recher@ ...

2. **Sammelt in der Klasse alle Zettel ein. Macht sechs verschiedene Stapel: einen für Beispiel 1, einen für Beispiel 2 usw. Gibt es Stapel, in denen sowohl rote als auch grüne Zettel sind? Lest diese Beispiele noch einmal. Warum denken einige von euch, dass es in den Beispielen um Mobbing geht? Warum denken andere das nicht? Sprecht in der Klasse über die Gründe.**

MOBBING

1. Lies die Aussagen über Mobbing. Übertrage die unten stehende Tabelle in dein Lektüre-Arbeitsheft, und ordne die Aussagen dann den Überschriften in der Tabelle zu.

jemanden über eine lange Zeit nicht beachten und ausschließen	jemanden häufig lächerlich machen und vor anderen bloßstellen
gewaltbereit sein	Stärke und Macht zeigen wollen
von eigenen Schwächen ablenken	nicht mehr zur Schule gehen wollen
krank werden (zum Beispiel Bauchschmerzen bekommen)	das Eigentum anderer stehlen, verstecken oder kaputt machen
andere Kleidung	eine Krankheit oder eine Behinderung
dass ein Schüler kleiner oder schwächer ist als die meisten	jemandem auflauern und ihm oder ihr wehtun
eine andere Nationalität	sich schämen
Angst haben	sich zurückziehen

Was ist Mobbing?	Was sind Anlässe für Mobbing?	Was kennzeichnet Mobber?	Wie reagieren Mobbing-Opfer?
jemanden häufig lächerlich machen und vor anderen bloßstellen			*sich zurückziehen*

2. Schaut euch nun noch einmal die Beispiele des vorigen Arbeitsblattes an. Würdet ihr die Beispiele jetzt anders zuordnen? Berücksichtigt die Informationen, die ihr gerade gesammelt und geordnet habt.

3. Viele Schüler wehren sich gegen Mobbing. So hat zum Beispiel die Grund- und Hauptschule Dauchingen unter dem Motto „Schau nicht weg – gemeinsam gegen Mobbing" einen Aktionstag durchgeführt, einen Rap verfasst und T-Shirts mit dem Motto drucken lassen. Das könnt ihr euch auf der Homepage der Schule anschauen:
www.schule-dauchingen.de/aktuelles.html
Bildet Gruppen von drei bis vier Schülern, und überlegt euch auch ein Motto gegen Mobbing.

DIE GLASKNOCHENKRANKHEIT

Die Glasknochenkrankheit

Mediziner nennen diese Krankheit Osteogenesis imperfecta. Diese Bezeichnung kommt aus dem Griechischen bzw. Lateinischen: Osteo bedeutet im Griechischen Knochen, und Genese bedeutet Entstehung. Imperfecta ist Lateinisch und meint unvollkommen. Übersetzt heißt die Bezeichnung also: unvollkommene Entstehung der Knochen. Abgekürzt wird die Krankheit als OI. Glasknochenkrankheit ist der umgangssprachliche Name. Sie wird so genannt, weil die Knochen „so leicht wie Glas" brechen. Außerdem kann man auf dem Röntgenbild sehen, dass die Knochen eine glasige Struktur haben.

Die OI wird vererbt. Ärzte unterscheiden heute sieben verschiedene Formen der Krankheit. Diese lassen sich jedoch in zwei Hauptgruppen einteilen:

Bei der ersten Form kommt es schon im Mutterleib oder bei der Geburt zu Knochenbrüchen. Bei der zweiten Form treten erst im späteren Leben Knochenbrüche auf.

Die Ursache der OI ist eine falsche Bildung des Kollagens Typ I. Dieses Kollagen kommt im menschlichen Bindegewebe vor, vor allem in der Haut und in den Knochen. Es sorgt dafür, dass Haut und Knochen „fest und stabil" sind. Bei Menschen mit OI ist genau das nicht der Fall. So kommt es zu den vielen Knochenbrüchen.

Neben Knochenbrüchen gibt es noch andere Symptome (= Anzeichen) der OI. Viele OI-Betroffene haben u.a. auch folgende Probleme: Schwerhörigkeit, Kleinwuchs, Verbiegungen der Wirbelsäule und überdehnbare Gelenke.

1. **Lies den Text. Wenn du etwas nicht verstehst, notiere am Textrand ein Fragezeichen.**
2. **Gib jedem Abschnitt eine Überschrift, und schreibe sie in den Text. Unterstreiche dann die Stellen im Text, die dir Antworten auf die folgenden Fragen geben.**
   - ⇨ Was bedeutet der Name Osteogenesis imperfecta (OI)?
   - ⇨ Welche zwei Hauptformen der OI unterscheidet man?
   - ⇨ Was ist die Ursache der OI?
   - ⇨ Welche Symptome der OI gibt es?
3. **Suche dir einen Partner. Erklärt euch gegenseitig mündlich, was die Glasknochenkrankheit ist. Schaut hierzu nur auf die unterstrichenen Textstellen und die Überschriften. Sprecht darüber, ob ihr im Text etwas nicht verstanden habt. Vielleicht weiß es einer von euch und kann es dem anderen erklären. Wenn nicht, notiert die Frage. Sprecht später in der Klasse darüber.**

LEBEN UND ARBEITEN MIT DER GLASKNOCHENKRANKHEIT

Menschen, die die Glasknochenkrankheit haben, können trotzdem in vielen Berufen arbeiten. Einige von ihnen sind sogar berühmt geworden.

1. Bildet Gruppen zu zwei bis drei Schülern. Informiert euch über die folgenden Personen.

www.michel-petrucciani.de **Michel Petrucciani** Beruf: ____________ geboren am: ____________ Geburtsort: ____________ gestorben am: ____________ Sonstiges: ____________ ____________ ____________ ____________ ____________	*www.peter-radtke.de* **Dr. Peter Radtke** Beruf: ____________ geboren am: ____________ mit ________ Knochenbrüchen auf die Welt gekommen 1982: Veröffentlichung der Autobiographie „____________ ____________" Sonstiges: ____________ ____________
Informiert euch auf der Webseite *www.daserste.de/marienhof/darsteller.asp* über **Erwin Aljukic** Beruf: ____________ geboren am: ____________ Sprachen: ____________ Rolle im „Marienhof": ____________ Lieblingstier: ____________ Sonstiges: ____________ ____________ ____________	Gebt auf der Webseite *www.zeit.de* als Suchbegriffe ein: **Dr. Jörg-Oliver Semler** Geht dann direkt zur zweiten Seite des Artikels. Beruf: ____________ Alter: ____________ Größe: ____________ Anzahl der Knochenbrüche in der Kindheit: ____________ Warum hat er seinen Beruf gewählt? ____________ Sonstiges: ____________

2. Stelle dir vor, du hättest selbst die Glasknochenkrankheit. Wie würde sich dein Leben verändern? Was könntest du nicht mehr oder nur noch sehr eingeschränkt tun? Was müsste in eurer Wohnung oder in deinem Zimmer verändert werden? Beschreibe einen typischen Tagesablauf mit einer Behinderung in deinem Lektüre-Arbeitsheft.

MENSCHENHANDEL

1. **Was bedeuten Illegalität, Demütigung, Abschiebung und Dunkelziffer? Sprecht darüber in der Klasse. Lies dann den Text.**

Moderne Sklaven in Deutschland

Lisa kam aus Peru nach Baden-Württemberg. Ohne ein Wort Deutsch zu können, landete sie bei einer deutschen Familie: Als Au-Pair-Mädchen sollte sie sich um das Haus, die Kinder und den Hund kümmern – ein Traumjob, so könnte man denken. Für Lisa wurde es ein Albtraum. Die Familie nutzte sie aus, demütigte sie, ließ sie nicht telefonieren, gab ihr nicht den versprochenen Lohn und zu wenig zu essen. Wenn sie sich beklagte, wurde sie gewarnt: Sie sei illegal hier, und man würde sie ins Gefängnis werfen oder abschieben, wenn sie nicht gehorche.

Lisa ist kein Einzelfall. Es gibt tausende Personen, die sich in Deutschland aufhalten und ausgebeutet werden: Zimmermädchen aus Lateinamerika, Feldarbeiter aus Osteuropa, Prostituierte aus Südostasien, Drogendealer aus Schwarzafrika. Es sind moderne Sklaven, Opfer von Menschenhandel – sie leben ohne Schutz und ohne Hilfe.

Wie viele von diesen modernen Sklaven sich in Deutschland aufhalten, ist schwer zu sagen. Petra Follmer-Otto vom Deutschen Institut für Menschenrechte ist eine Expertin auf diesem Gebiet. Sie hat eine Studie zum Menschenhandel in Deutschland vorgelegt. Dennoch ist sie sehr vorsichtig mit Zahlen – und betont die vermutlich sehr hohe Dunkelziffer.

Warum werden nur so wenige dieser Menschen gefunden? Weil nur wenige Hilfe suchen. Das Problem ist, dass sie oft nicht die Möglichkeit haben oder sich nicht trauen, sich gegen ihre Ausbeutung zu wehren. Viele von ihnen kamen illegal nach Deutschland. Sie sprechen kein Deutsch. Und sie haben Angst. Viele fürchten die Abschiebung mehr als das moderne Sklaventum.

(Informationen nach: www.zeit.de/online/2009/29/menschenhandel-sklaven?page=1)

2. **Fasse den Text in Stichworten zusammen. Die Tabelle hilft dir dabei. Ergänze sie.**

Das Beispiel „Lisa“:	
Moderne Sklaven arbeiten als:	
Studie zum Menschenhandel in Deutschland:	*genaue Zahlen nicht bekannt, hohe Dunkelziffer*
Moderne Sklaven wehren sich aus folgenden Gründen nicht gegen ihre Situation:	*Angst, …*

3. **Warum verlassen Menschen ihre Heimat, um in einem anderen Land wie Sklaven zu leben? Sprecht darüber in der Klasse, und sammelt die Gründe.**

Sklaverei – gestern und heute

Sklaverei gibt es seit Jahrhunderten. Im Römischen Reich beispielsweise (ca. 700 v. Chr. bis etwa 500 n. Chr.) gab es sogar mehr Sklaven als Bürger. Mit der Entdeckung Amerikas im Jahr 1492 erlebte der Sklavenhandel einen neuen Aufschwung. Heute ist die Sklaverei eigentlich weltweit verboten.

Bildet Gruppen zu drei bis vier Schülern. Wählt eine der vier Karten aus, und bearbeitet die Aufgaben. Fasst eure Ergebnisse auf einem Plakat zusammen.
Stellt eure Ergebnisse in der Klasse vor, und hängt die Plakate in der Klasse – oder an einem anderen Ort in der Schule – aus.

- Warum mussten Menschen aus Afrika als Sklaven in Amerika arbeiten?
- Warum waren es Europäer, die afrikanische Sklaven nach Amerika gebracht haben?

Sucht Informationen auf folgenden Webseiten:
www.tivi.de
www.helles-köpfchen.de
Gebt das Suchwort „Kolonialismus“ ein.

- Was bedeutet das Wort „Sklave“?
- Wie müssen Sklaven leben?
- Warum ist der 23.08. der „Welttag zur Erinnerung an den Sklavenhandel“?

Sucht Informationen auf den folgenden Webseiten:
www.wasistwas.de
Gebt das Suchwort „Sklaverei“ ein.
www.blinde-kuh.de
Gebt die Suchwörter „Sklaverei und Sklave“ ein. Schaut euch die Seite an, die zur „Begriffsklärung“ angegeben wird.

- Was sind eigentlich Menschenrechte?
- Welche Rechte sind das genau?
- Wer kontrolliert, ob sie eingehalten werden?

Sucht Informationen auf den folgenden Webseiten:
www.tivi.de
Gebt das Suchwort „Menschenrechte“ ein.
www.wasistwas.de
Gebt das Suchwort „Allgemeine Erklärung der Menschenrechte“ ein.
www.kindernetz.de
Sucht „Tim fragt Tom“. Klickt eins der Suchergebnisse an. Wenn ihr auf der Seite „Tim fragt Tom“ seid, klickt auf der linken Menüleiste „Menschenrechte“ an.

- Welche Formen der Sklaverei gibt es heute noch?
- In welchen Ländern kommt das vor?
- Welche Arbeiten müssen die Menschen machen?

Sucht Informationen auf den folgenden Webseiten:
www.tivi.de
Gebt das Suchwort „Menschenhandel“ ein.
www.helles-koepfchen.de
Sucht nach „illegale Arbeit“.
www.dw-world.de
Hier müsst ihr auf der rechten Menüleiste erst die Sprache wählen. Sucht dann nach „Kampf gegen moderne Sklaverei“. Lest den Artikel vom 6.10.2009.

LÖSUNGEN

T1 – Adam (S. 14)

1. Adam sollte putzen./Adam war so müde, dass er eingeschlafen ist./Der Mann hat Adam geschlagen und ihn getreten.

T2 – Giovanni (S. 15)

1. Richtig, falsch, richtig, richtig, falsch, richtig
2. S. 13 (Antwort auf den Hinweis, dass der Platz für Alte und Behinderte sei), S. 18 (Antwort auf die Frage eines Gymnasiasten)

T3 – Adam, Thomas und Simon (S. 16)

1. Adam ist erleichtert, weil er nicht eingeschlafen ist und der Mann ihn nicht geschlagen hat./Das Gespräch findet am Abend statt./Adam, Thomas und Simon wohnen in einem Wohnwagen, in den es hineinregnet.
2. Adam kommt aus Polen. Adam putzt den ganzen Tag. Thomas kommt aus Afrika. Thomas lebt schon lange in Deutschland. Thomas hat keinen Pass, weil der Mann ihm seine Papiere abgenommen hat. Simon kommt auch aus Afrika. Simon spricht nur ganz wenig Deutsch.

T4 – Giovanni und Co. (S. 17)

1. Zu Hause: Der Vater verdächtigt Giovanni, eine Jacke gestohlen zu haben. Im Deutschunterricht: Giovanni bekommt die erste mündliche Sechs in diesem Schuljahr. Nach der vierten Stunde: Nachdem Giovanni behauptet hat, die Zeichnung gegessen zu haben, teilt Herr Böttiger ihm mit, dass seine Eltern einen Brief bekommen. Auf dem Gang: Giovanni tritt vor den Papierkorb und bekommt Streit mit Maximilian, bei dem er ihn verletzt. Klassenkonferenz: Giovanni erhält zwei Wochen Schulausschluss.

T5 – Das Mädchen (S. 18)

2. Das Mädchen hat geschimpft, weil Adam beim Kartoffelschälen ein Stück Schale an einer Kartoffel übersehen hat. Sie zwingt ihn, diese Kartoffel roh zu essen.

T6 – Biggi (S. 19)

2.

Ebru, Karin, Domenica = Dienerinnen	Suna, Giovanni, Maximilian = andere Gruppe
• Biggi nennt Ebru „Schatzi“. • Biggi nennt Karin „Mausi“. • Domenica bekommt von ihr den Namen „Dommi“. • Biggi verspricht den dreien, dass sie im nächsten Jahr mit in die Dominikanische Republik kommen können.	• Biggi beleidigt Suna und gibt ihr Schimpfnamen; sie sorgt dafür, dass Igor eine neue Zeichnung von Sunas Missgeschick für das Schüler-VZ erstellt. • Biggi bezeichnet Giovanni als den „Klassenaso“ und droht, dass die Pizzeria seines Onkels bald pleite sei. • Biggi beleidigt Maximilian, indem sie ihn „Krüppelwilly“ nennt.

T8 – Der Plan (S. 21)

2. Adam, Thomas und Simon arbeiten illegal. Simon ist weggelaufen. Thomas ist von fremden Männern mitgenommen worden. Der Mann, der sie beschäftigt hat, ist Herr Bongartz, Biggis Vater. Herr Bongartz hat seine Tochter krankenhausreif geschlagen, weil sie Geld für einen Urlaub mit ihren Freundinnen in der Dominikanischen Republik haben wollte. Jetzt erpresst Biggi ihren Vater; sie will der Polizei sagen, was mit Thomas passiert ist.

T9 – Erinnerungen (S. 22)

2. Die Lüge von Adams Eltern:
   Sie haben behauptet, dass ihr Sohn Deutsch könne.
   Die Lüge des Mannes:
   Er hat versprochen, dass Adam seine Eltern besuchen könnte und dass es ihm gut gehen werde.

T 10 – Wieder Außenseiter? (S. 23)

1. richtig, richtig, falsch, falsch, richtig

LÖSUNGEN

T11 – Was für ein Durcheinander! (S. 24)

1. Der Mann hatte Sand ausgestreut, um eine Faschingsdekoration zu haben, die zum Namen „Beachclub" passt. Adam hat den Sand zusammengekehrt, als er geputzt hat.

T12 – Das war knapp! (S. 25)

1. Der Marsmensch ist Alexander. Sein Kapitän ist Maximilian. Maximilian hat ein Foto von Giovanni. Das Foto braucht Alexander, um einen Ausweis für Giovanni herzustellen.
2. 5 – 2 – 1 – 3 – 7 – 4 – 8 – 6

T13 – Alles anders? (S. 26)

1.
   - Giovanni schlägt vor, die Schule zu schwänzen.
   - Als Herr Böttiger sagt, dass sein Schulausschluss im Zeugnis nicht vermerkt werde, schlägt Giovanni vor, auch die Noten wegzulassen.
   - Giovanni sagt Biggi sehr deutlich, dass sie gehen soll.
   - Ihm fallen sofort jede Menge gemeiner Bemerkungen ein, als Suna meint, dass sie erst ihrer Mutter Bescheid geben müsse, wenn sie mit in die Pizzeria geht.
   - Er trinkt ein Glas Rotwein in einem Zug leer.
   - Er ist so impulsiv, dass er Maximilian aus Versehen auf den Arm boxt.

WA2 – Freundschaft (S. 28)

2. Filippo – Philipp; Guiseppe – Josef; Giovanna – Johanna; Piera – Petra; Paolo – Paul; Carlotta – Charlotte; Isabella – Elisabeth; Enrico – Heinrich

HG3 – Die Glasknochenkrankheit (S. 35)

2. Unvollkommene Entstehung der Knochen./ Eine Form, bei der es schon vor oder während der Geburt zu Knochenbrüchen kommt, und eine Form, bei der es erst in späteren Jahren zu Verletzungen kommt./Die Ursache ist eine falsche Bildung des Kollagens Typ 1./ Symptome sind: Schwerhörigkeit, Kleinwuchs, Verbiegungen der Wirbelsäule und überdehnbare Gelenke.

HG5 – Menschenhandel (S. 37)

2. **Das Beispiel „Lisa":** Lisa kommt aus Peru nach Deutschland, um in Deutschland als Au-Pair-Mädchen zu arbeiten. Sie wird von der Familie ausgenutzt und gedemütigt.

   Moderne Sklaven arbeiten als: Zimmermädchen, Feldarbeiter, Prostituierte, Drogendealer

   Studie zum Menschenhandel in Deutschland: genaue Zahlen nicht bekannt, hohe Dunkelziffer

   Moderne Sklaven wehren sich aus folgenden Gründen nicht gegen ihre Situation: Angst, abgeschoben zu werden; keine Deutschkenntnisse

HG2 – Mobbing (S. 34)

Was ist Mobbing?	Was sind Anlässe für Mobbing?	Was kennzeichnet Mobber?	Wie reagieren Mobbing-Opfer?
jemanden über eine lange Zeit nicht beachten und ausschließen jemanden häufig lächerlich machen und vor anderen bloßstellen das Eigentum anderer stehlen, verstecken oder kaputt machen jemandem auflauern und ihm weh tun	andere Kleidung eine Krankheit oder eine Behinderung dass ein Schüler kleiner oder schwächer ist als die anderen eine andere Nationalität	gewaltbereit sein Stärke und Macht zeigen wollen von eigenen Schwächen ablenken	nicht mehr zur Schule gehen wollen krank werden (z.B. Bauchschmerzen bekommen) sich schämen Angst haben sich zurückziehen